パレスチナの子どもたちの「平和」な日常

アラブ独特の
お菓子。

平穏なガザの
美しい港

ガザの海岸。
奥に見える
青い海は地中海。

スークとよばれる
アラブ人の市場。

夕日をあびる
海辺のカフェ

この写真は、地中海の海岸線にあるアッコという町（イスラエル内、ガザ地区ではない）。
もし戦争がなければ、ガザ地区にもこうしたカフェがあったかもしれない（→p29）。

子どもも大人も守りたい文化

写真：AP／アフロ

礼拝（サラート）は、イスラム教徒において最もたいせつな行為。モスク（イスラム教の礼拝所）の敷地内で「イード・アル・フィトル（ラマダン*1明けのお祝い）」の祈りをささげる人びと。

写真：AP／アフロ

写真：ロイター／アフロ

ラマダンが明けると、豪華な食事やお菓子でお祝い。その準備で市場は人であふれる。

「イード・アル・アドハー（犠牲祭）*2」の朝、集まってきた子どもたち（ガザ地区）。

写真：UPI／アフロ

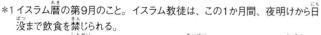

*1 イスラム暦の第9月のこと。イスラム教徒は、この1か月間、夜明けから日没まで飲食を禁じられる。

*2 イスラム教の神聖な祝祭の1つ。早朝に礼拝をしたあと、動物を屠殺して神にささげ、その肉を貧しい人たちと分けあう。

写真：ロイター／アフロ

遊びも
勉強も
仲よく

子どもたちの
「平和」な日常。

写真：ロイター／アフロ

ガザ地区にある国連運営の小学校。
新学期始まる。戦時下にあっては、
本当の平和とよべるのだろうか？

写真：ロイター／アフロ

戦争を忘れる「平和」な瞬間
平和と命が消える瞬間

2023年10月23日、
イスラエルの攻撃が続くなかの、
ガザ地区南部にある国連が運営する学校で
避難生活を送っている子どもたち。
遊具に興じる子どもたちの笑顔が
「平和」を象徴しているようだが……。

国連が運営する学校は、ガザ地区北部のジャバリヤ難民キャンプにもある。そこでは11月3日、学校が空爆されて市民15人が死亡、60人以上が負傷したという。また、その近くで、救急車が空爆され、たくさんの人が集まるモスクや商店なども爆撃された。誤爆によるものだったともいわれているが、人口密度の高い難民キャンプのど真ん中に大型爆弾を複数投下すれば、必ず民間人に被害が及ぶ。上の写真の学校が誤爆される可能性はないのだろうか？　子どもたちは、命がけで遊んでいることになるのかもしれない。

写真：ロイター／アフロ

2023年11月3日、ガザ市最大規模のシファ病院から重傷者を乗せて出発しようとしていた救急車列が、イスラエルの空爆を受けた。

写真：AFP／時事

写真：ユニフォトプレス

イスラエル軍の攻撃によって、ガザ地区のモスク（→p2）も破壊された。

写真：ロイター／アフロ

イスラエルの爆撃は、ガザの人びとが毎日パンを求めに列をつくる商店も直撃した。

はじめに

みなさんは、このシリーズの「狙われた国と地域」というタイトルを見てどう感じましたか？「狙われたって、どういうこと？」と思ったのではないでしょうか。表紙のデザインが、何かの的のようですから、「なんかこわそう」と感じた人も、たくさんいたのではないでしょうか。

「狙う」という漢字を辞書で引くと、次のように書かれています。

> ・目当ての物を自分の思うようにしようと、働きかける構えをする。
> ・それに目をつけ、手に入れようとして機をうかがう。

この辞書どおりに考えると、だれかが「国を手に入れようとして機をうかがっている」ことになります。とてもこわいことです。

ところが、この本のページを開いたとたんに、みんなの目に飛びこんできたのは、子どもたちの日常の写真！　するとみんなは、「この本って、どんな内容なの？」と、不思議に思ったのではないでしょうか。

このシリーズは、当初、❶ウクライナ ❷台湾 ❸韓国の、全3巻構成（❶では、ウクライナがどうして狙われたのか？ ❷❸では、狙われているといわれているが、本当なのか？）で企画したものでした。

じつは、❶が書店にならび、もうすぐ❷が発行されようとしていた2023年10月7日、パレスチナのガザ地区（→p14）を支配するハマス（→p14）が突然、となりあうイスラエルを攻撃。イスラエルがただちに反撃。その結果、パレスチナのガザ地区はイスラエルによって「狙われる」ことになったのです。

パレスチナでは、これまでも何度も戦争が起きているのです。その理由をみなさんに知ってもらいたいと思い、急きょ❹パレスチナの発行を決めました。

2023年現在、ウクライナでも、パレスチナでも、巻頭の写真で見るような、子どもたちの日常はありません。それどころか、ガザ地区では「人が生きられないほどのひどい状態になっている」のです。

そうしたなか、わたしたちはどうすればよいのでしょうか？　この本を読んで、みんなでいっしょに考えていきましょう。

子どもジャーナリスト　稲葉　茂勝
Journalist for Children

もくじ

知っているようで 知らない パレスチナ

ニュースなどで「パレスチナ」や「ガザ地区」という言葉がよく聞かれます。
なんとなくわかっているようですが、正しく理解できているでしょうか？
本文に入る前に、この本を読みすすめるための基礎知識を、クイズで確認してみましょう。

Q1

「パレスチナ」は、
次の3つのうちのどれ？

ア 国名

イ 地域のよび名

ウ 民族のよび名

Q2

「ガザ地区」について、
3つの説明のうち、誤っているのはどれ？

ア ガザ地区は、パレスチナの一部の地域をさす言葉である。

イ 長さ約50km、幅5〜8kmの細長い地域のことである。

ウ ガザ地区には、約20万人がくらしている。

Q3

「パレスチナ」について、
3つの説明のうち、誤っているのはどれ？

ア ガザ地区をふくむパレスチナに住んでいる人は、ほとんどがアラブ人である。

イ パレスチナのほとんどの人は、イスラム教徒である。

ウ パレスチナでは、ガザ地区以外はユダヤ教徒が多い。

Q4

「イスラエル」について、
3つの説明のうち、誤っているのはどれ？

ア イスラエルは、ユダヤ人が第二次世界大戦後につくった国である。

イ イスラエルは、多くのアラブ人が住んでいた地域に建設された国である。

ウ ほとんどのイスラエル国民は、イスラム教を信じるユダヤ人である。

Q5

「ユダヤ人」について、
3つの説明のうち、誤っているのはどれ？

ア ユダヤ人は、一般的にはユダヤ教徒をさす言葉である。

イ ユダヤ人は、住んでいたところを追われて世界中に散らばったことがある。

ウ イスラエル以外でユダヤ人がいちばん多く住んでいる国は、イギリスである。

Q6

第一次世界大戦後、パレスチナを
実質的に植民地にしたのはどの国？

ア トルコ

イ イギリス

ウ アメリカ

Q7

「**アラブ人**」について、
3つの説明のうち、誤っているのはどれ?

ア アラブ人は、アラビア語を話す人びとである。

イ イスラエルは、アラビア語の方言を話す。

ウ アラビア語を話す人が多くくらす国ぐにを「アラブ諸国」とよぶ。

Q8

「**パレスチナ自治政府**」について、
3つの説明のうち、誤っているのはどれ?

ア ガザ地区を統治するための政府としてつくられた。

イ 1996年の総選挙でヤーセル・アラファトが初代大統領に選出された。

ウ ハマスは、パレスチナ自治政府と無関係である。

Q9

「**ハマス**」について、
3つの説明のうち誤っているのはどれ?

ア ハマスは、1987年にイスラム指導者がつくったイスラム原理主義組織である。

イ ハマスは、イスラエルに対し自爆攻撃をおこなったことはない。

ウ ハマスは、ガザ地区で福祉、医療、教育活動をおこなっている。

Q10

パレスチナやイスラエルをふくむ
地域は、次の3つのうちのどれ?

ア 東欧

イ 中東

ウ 極東

→p16

A1 **イ**
パレスチナは、もともとは、多くのアラブ人が住む、レバノンやヨルダン、エジプトにかこまれた地中海東岸の地域のこと。そこに、第二次世界大戦後、国連が決議したパレスチナ分割案に従い、1948年にユダヤ人がイスラエルを建国。1994年にアラブ人によるパレスチナ自治政府が成立（国連未加盟だが、2021年時点で138の国連加盟国が国家として承認）。

A2 **ウ**
ガザ地区はパレスチナ自治政府（→p15）がおさめる地域の一部で、約222万人（2023年時点）がせまく細長い地域にくらしている。世界で最も人口密度が高い場所のひとつ。

A3 **ウ**
ガザ地区をふくめ、パレスチナの住民のほとんどがアラブ人で、イスラム教徒がその90%以上を占める。

A4 **ウ**
イスラエルは、ユダヤ人国家としてつくられた国。ユダヤ人とは、一般的にユダヤ教を信じる人のこと。

A5 **ウ**
イスラエル以外でユダヤ人がいちばん多く住んでいるのはアメリカ。イスラエルの約703万人を超える約730万人のユダヤ人がくらしている（2022年時点）*。

A6 **イ**
第一次世界大戦前までパレスチナはオスマン帝国（→p30）が統治していたが、戦後、イギリスの委任統治領となり、実質的にイギリスが統治していた。

A7 **イ**
イスラエルの公用語は、国民の7割以上を占めるユダヤ人が話すヘブライ語。

A8 **ア**
パレスチナ自治政府は、1993年のオスロ合意（→p14）により、ガザ地区とヨルダン川西岸地区を統治するためにつくられた。

A9 **イ**
ハマスはイスラエルの存在自体を否定し、自爆攻撃などをくりかえしている。一方、ガザ地区では公共サービスを提供し、ある程度は住民の支持を集めていた。

A10 **イ**
ヨーロッパから見て最も近い東洋を「近東」、最も遠い東洋を「極東」、その中間を「中東」とよぶ。「中近東」は、中東と近東をあわせた言葉。「中東」が示す範囲は時代によって異なり、明確ではないが、ほぼ西アジアとアフリカ北部をさす（→p24）。なお、「近東」は使われなくなった。

*Jewish Virtual Libraryより。

1 突然、ハマスが イスラエルを攻撃

レバノン / シリア / パレスチナ自治区 / シナイ半島（エジプト） / イスラエル / ヨルダン

2 ユダヤ教の安息日

イスラエル国民の7割以上はユダヤ教徒です。ユダヤ教では土曜日が安息日（→p30）とされています。10月7日は安息日で、多くの人が自宅やシナゴーグ（ユダヤ教の礼拝所）ですごすはずでした。ところが、夜明けとともに大量のロケット弾が降りそそいできたのです。まるで映画のように。

イスラエルは近年、ガザ地区との境界につくった分離壁（場所によっては金網フェンス）を強化していましたが、攻撃開始後、わずか数時間のうちに、ハマスの戦闘員がブルドーザーなどを使って数か所のフェンスを破壊し、なかにはパラグライダーやボートを使ってイスラエル側に侵攻。まちを破壊し、イスラエルの人びとを殺害しました。

戦闘員が突破した分離フェンスの近くでおこなわれていた音楽フェスタもおそわれ、その場にいた人びとが銃撃されたり、人質として連れ去られたりしました。その数は、兵士と民間人をあわせて220人以上。なかには、アメリカやタイなど外国の人もふくまれていました。

3 イスラエルが猛反撃

ハマスは、ずっと以前からこの攻撃を入念に計画していたといわれています。それにもかかわらずイスラエルは気づいていなかったのです。

その証拠に、攻撃されてはじめて空襲警報を鳴らし、報復攻撃を開始。ハマスが反撃するなか、イスラエル軍がガザ地区を空爆。ガザ市中心部の、屋上にハマスのラジオ局があるとされる「パレスチナ・タワー」に爆弾が命中。ビルは破壊されました。しかし、そのビルには一般のオフィスや店舗、住居などがありました。

こうしたイスラエルの報復攻撃により、ガザ地区では多くの民間人の犠牲者が発生。イスラエルの被害を大きく上回る悲惨な状況になりました。

こうして、10月7日に起きた、ハマスによるこれまでにないイスラエル攻撃とイスラエルの報復攻撃は、どんどんはげしさを増していったんだよ。

写真：ユニフォトプレス

⬆現地時間の7日午前6時半ごろ、ガザ地区からロケット弾が飛びはじめた。

写真：picture Alliance／アフロ

⬆イスラエルの空爆により破壊された建物のがれきのなかを歩く子どもたち。

① 2023年10月7日の早朝、中東のパレスチナ自治区のガザ地区から
イスラエルに向けて大量のロケット弾が発射され、
ハマスの戦闘員がガザ地区からイスラエル内に侵入。
はげしい戦いに発展しました。

④ ガザ市の病院で爆発、約500人死亡

　ハマスによるイスラエル急襲から10日後の17日夜、ガザ地区のアル・アハリ病院で大きな爆発が起きました。

　現地ではイスラエルの攻撃だと思われ、ハマスはイスラエルが病院を攻撃したと発表。ハマスのリーダーとされるイスマイル・ハニヤ氏は、テレビで「病院での大虐殺は、敵の残忍さと敗北感の大きさを示している」「すべてのパレスチナ人は、占領と入植に立ちむかうべきだ」と演説。すべてのアラブ人、イスラム教徒に告げるとし、イスラエルに対して抗議行動を取るようよびかけました。

　一方、イスラエル側は、「病院での爆発については、イスラエル軍は関与していない」「ガザ地区から発射されたロケット弾が病院付近を通過していた」として、「ガザ地区の武装勢力イスラム聖戦が発射したロケット弾が病院にあたった」と主張しました。

　イスラエルのベンヤミン・ネタニヤフ首相（→p30）もイスラエル軍によるものだというハマスの主張を否定し、「野蛮なテロリストの仕業だ」と、パレスチナ側を非難しました。

　この病院の爆発は、時間がたつに連れ、イスラエルの攻撃によるものではないという見方が強まってきたよ。でも、2023年12月の時点で、まだ爆発の真相はわかっていないんだ。

アル・アハリ病院の爆発後、救急車に避難する子どもたち。

2 はげしい争いがパレスチナから中東全体へ

② パレスチナ問題の再燃

　中東では、2000年以上前から「パレスチナ」とよばれる土地は争いの元になっていましたが、その長い争いの歴史のなか、第二次世界大戦終結から21世紀の現在に至る争いは、とくに「中東問題」と

よばれています。なぜなら、争いがパレスチナにかぎらず、中東全域に広がったからです。

　中東問題が起きた責任は、第一次世界大戦から第二次世界大戦までのあいだ、パレスチナを統治していたイギリスにありました。

　というのは、当時イギリスは、対立するアラブ人とユダヤ人の両方をうまく手なづけようとして、イスラム教徒のアラブ人に対しては「将来独立国をつくってよい」と約束しておきながら、その一方で、ユダヤ教徒にもユダヤ人国家の建設を認めていたのです（→p18）。

> パレスチナでずっと争いが続いてきたのは知っている、パレスチナとイスラエルが何度も戦争をして、ロケット弾を撃ちあっているところを新聞やテレビで見てきたという人が多いよね。でも、なぜ突然ハマスがイスラエルを攻撃したのか、正しく理解するには、1948年にまでさかのぼって考えなければいけないよ。

中東のパレスチナでは、非常に長いあいだ争いが絶えませんでした。古くは2000年以上前にさかのぼりますが、それについては後で記す (→p18) として、第二次世界大戦後も何度も戦争が起こり、21世紀に入っても緊張状態が続いてきました。

3 国連のパレスチナ分割決議

第二次世界大戦が終わり、イギリスが引きあげると、アラブ人とユダヤ人の争いがはげしくなりました。そこには、パレスチナのエルサレムにイスラム教、ユダヤ教、キリスト教の3つの宗教の聖地があることが大きく影響しています (→p20)。

国連は1947年11月29日の総会で、パレスチナで再び戦争が起こらないように「パレスチナ分割決議」を採択します。この決議の内容は、かんたんにいえば、パレスチナにアラブ人とユダヤ人のそれぞれの国家をつくり、エルサレムを「国際管理都市」とするというものでした。

1948年5月、ユダヤ人はその決議にもとづいて、イスラエルを建国しました。ところが、それに対し、周辺のアラブ諸国 (→p24) が猛反発。なぜなら、パレスチナの面積の約6割をユダヤ人に、4割強をアラブ人にといった不平等な分割だったからです。まもなくエジプトを中心にして、イスラエル攻撃がはじまりました。「第一次中東戦争」です。その後「第四次」まで続いていきました。

 今回のハマスとイスラエルの戦争は、「第五次中東戦争」になることが心配されているんだよ。それどころか、中東の北のほうでウクライナとロシアの戦争が続いていることもあって、第三次世界大戦につながるのではないかと本気で心配している人もいるんだよ。

もっとくわしく パレスチナ難民

第一次中東戦争は、アメリカやイギリスの支援を受けたイスラエルが勝利し、事実上、イスラエルがパレスチナのアラブ人地域も占領。そのため、70万人以上のアラブ人 (パレスチナ人) は住んでいた土地を追われ、ヨルダン川西岸地区やガザ地区、近隣のヨルダン、レバノン、シリア (→p16地図) などに逃れた (パレスチナ難民)。このため、アラブ人のイスラエル (=ユダヤ人) に対する憎しみがいっそう拡大した。こうしてパレスチナの争いはイスラエル (アメリカ、イギリスをふくむ) 対アラブ諸国という形で中東全域へ発展していった。

パレスチナ難民は、仮のくらしと思って住みはじめた土地で何世代にもわたり制限された生活を送っている。UNRWA*によれば、2022年時点のパレスチナ難民は約588万人 (ガザ地区155万3868人、ヨルダン川西岸地区90万1035人、ヨルダン236万6050人、レバノン48万7662人、シリア58万1018人) にのぼる。

レバノンにあるパレスチナ難民キャンプ。第一次中東戦争から70年以上たつ現在もパレスチナ問題の解決のめどが立たず、難民としてくらしつづけ、難民として生まれてくる子どもたちがいる。

写真: Cagatay / Dreamstime.com

*国連パレスチナ難民救済事業機関の略称。パレスチナ難民に対し、教育・保健、救急、福祉などの支援をおこなう国連の機関。1949年設立。

3 ヨルダン川西岸地区・ガザ地区

地中海
ヨルダン川
西岸地区
テルアビブ ●
ガザ地区
エルサレム ●
ヨルダン
死海
イスラエル

2 パレスチナ自治政府とは

「パレスチナ自治政府」は、オスロ合意（1993年にノルウェーの仲介で成立したパレスチナとイスラエルの和平に関する合意）により1994年に発足した、パレスチナ自治区のガザ地区とヨルダン川西岸地区を統治する政府です。

パレスチナ自治政府では、1996年におこなわれた総選挙でヤーセル・アラファト氏が大統領に選出され、独立した国家をめざしました。

ところが、はなれた2つの地区の統治がうまくいかず、その後、ガザ地区がハマスにより支配され、パレスチナ自治政府は一方のヨルダン川西岸地区の一部だけを統治するようになりました。その後、ヨルダン川西岸地区では、ユダヤ人の入植が進みだしました。

3 ハマスという武装組織の背景

イスラエルへ奇襲攻撃をおこなったハマスは、1987年にガザ地区でイスラム指導者のアハメド・ヤシン師が創設したイスラム原理主義組織で、パレスチナ自治政府のなかの一政党でもありました。

ところが2006年に、パレスチナの選挙で勝利。ガザ地区を事実上統治するようになると、ますます過激になっていきました。

イスラエルの存在自体を否定し、イスラエルに対する自爆攻撃をくりかえし、国際社会からは「テロ組織」だとみられるようになったのです。それでも、ガザ地区で福祉、医療、教育などをおこない、住民の支持を受けていました。

イスラエル政府は、ハマスの支配するガザ地区を孤立させるために、ガザ地区の周りを分離壁（フェンス）で取りかこみ、封鎖してしまいました。これにより、ガザ地区の住民は苦しい生活を強いられているのです。

> もっとくわしく
> ### ハマスの財源
>
> ハマスは、どうやってイスラエルを攻撃し、一方、福祉と医療、教育をおこなってきたのか？ ロケット弾を撃ちこむのにも、いろいろな行政サービスをおこなうのにも資金が必要。世界には、ハマスを支持する人や団体、組織がある。その多くが、イスラム教徒。反対に「反ユダヤ主義者」といわれる、ユダヤ人に対する偏見や嫌悪をもつ人たちがいる。その典型が、1933年から1945年までドイツで政権をにぎったナチス・ドイツ。歴史上最も極端な反ユダヤ主義政策をとったとされている。

イスラエルがガザ地区を取りかこむように設けた分離壁。

写真：ロイター／アフロ

1 現在のパレスチナには、1994年から「パレスチナ自治政府*」が統治する ヨルダン川西岸地区と、そこから南西方向にはなれたところに ガザ地区（2007年からハマスが支配）があります。

＊2012年11月29日、国連総会で「オブザーバー国家」として承認された。

4 第四次中東戦争の50周年記念日

イスラエルと周りのアラブ諸国のあいだでは、争いが絶えませんでした。なかでも、4回にわたって発生した中東戦争 (→p16) は、はげしいものでした。

ハマスが攻撃をはじめた10月7日は、第四次中東戦争の50周年記念日（10月6日）の翌日でした。

一般に戦争を記念する目的は、その悲劇をわすれず、2度と戦争を起こさないため。ところが、ハマスは、あえてその戦争記念日の翌朝にイスラエルを攻撃！ それには、次のような国際情勢が影響しているのではないかといわれています。

- イスラエルで、ネタニヤフ首相に対する国民の批判が高まり、国内が混乱していること。

- イスラエルはアラブ首長国連邦、バーレーン、スーダン、モロッコと国交正常化をおこない、サウジアラビアとも国交正常化の動きがあること。

- イスラエルの同盟国であるアメリカでも、国内がウクライナ支援をめぐり対立していること。

日本でも、中東情勢にくわしい人たちがいろいろな分析をしているけれど、ハマスの奇襲攻撃は「イスラエルとアラブ諸国との雪どけを妨害するため」というのが一致した見解となっている。でも、戦争をしないようにと誓うはずの記念日の翌日に戦闘をはじめるというのは、積年のうらみがあるのだろうと予想できるね。そのことについては、この後をしっかり読んでほしいな。

もっとくわしく ## イランの存在

ハマスとイスラエルの戦争で、とくに見のがせないのが、イランの存在だという人がいる。これまでもイランは、ハマスへ資金や武器を援助してきた。今回のハマスの攻撃にも、イランの協力があったのだ（イランも認めている）。その背景には、ユダヤ教のイスラエルが、イスラム教のサウジアラビアに近づいていることがあげられている。イランは、イスラエルとサウジアラビアが接近することを警戒しているというのだ。だから、ハマスを使ってイスラエルを攻撃したのではないかと。なお、イランはアラブ諸国ではない（言語はペルシャ語で、アラビア語ではない）が、人口の98％がイスラム教徒というイスラム教国だ (→p24)。

1979年、第四次中東戦争の平和条約締結にあたり、握手するエジプトのサダト大統領（左）とイスラエルのベギン首相（右）。中央は、仲介役となったアメリカのカーター大統領。

写真：Top Foto／アフロ

4 いまだに尾をひく 4回の中東戦争

第一次中東戦争については13ページを見てね。第一次中東戦争のあと、イスラエルに敗れたアラブ諸国では、そのリーダーだったエジプトで、それまで長く続いた王制が終わりを告げ、共和政に移行（1952年のエジプト革命）。その影響を受け、イラク（→p30）などでも国内の政治体制が大きくかわっていったんだよ。当初パレスチナ問題で生じた戦争が、中東全域を巻きこむ第二次中東戦争に発展していったんだ。

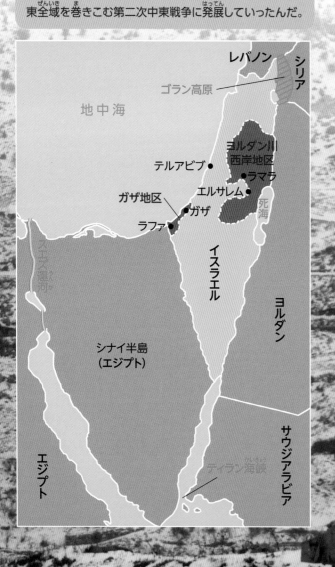

地中海

レバノン

シリア

ゴラン高原

ヨルダン川
西岸地区

テルアビブ●

●ラマラ

ガザ地区

エルサレム●

●ガザ

死海

ラファ●

イスラエル

ヨルダン

シナイ半島
（エジプト）

サウジアラビア

エジプト

ティラン海峡

② 第二次中東戦争

　1956年10月29日に勃発した第二次中東戦争は、エジプトのナセル大統領（→p30）がスエズ運河国有化（→p30）を宣言したことにはじまりました。スエズ運河はエジプトの領土内にありますが、そこは国際的に使用されてきたところ。そのため、スエズ運河を所有していたイギリスとフランスが猛反対。それにイスラエルが加担し、はげしくエジプトを非難しました。結果、武力攻撃にまで発展してしまいました。

　第一次中東戦争に勝利したイスラエル軍は、イギリス・フランスの支援を受けて、スエズ運河とイスラエルのあいだに位置するシナイ半島へ侵攻。しかし、アメリカ・ソ連などに反対され、国連も即時停戦を決議します。国際社会がエジプトを支持したことで、イギリス・フランスはしかたなく撤退し、戦争は停戦。その結果、エジプトはスエズ運河の国有を認められ、ナセルはアラブ諸国の英雄になったのです。

① 1948年のイスラエル建国以来、イスラエルとアラブ諸国とのあいだでくりかえされた戦争を中東戦争とよんでいます。中東戦争は1973年の第四次まで続きました。その影響は世界全体におよんでいます。

③ 第三次中東戦争

　第一次中東戦争により発生したパレスチナ難民のなかには、イスラエルをうらみ、国土の奪還をめざす人が多くいました。そうした人たちが1964年5月、パレスチナ解放機構（PLO）を結成し、イスラエルと対峙。国際社会もおおむね、ナセルがリーダーとなったアラブを支持するようになり、イスラエルを支援しませんでした。そのため、イスラエルは独自に軍事力を強化し、エジプトによるティラン海峡の封鎖がきっかけとなり、1967年6月5日にアラブ各国の空軍基地を奇襲攻撃（第三次中東戦争）。アラブ側は敗走を重ね、6日間で戦闘は終結（「6日間戦争」とよばれた）。イスラエル軍がシナイ半島、ヨルダン川西岸地区、ガザ地区、ゴラン高原を占領しました。その結果、ナセルの権威が失墜。ナセルはまもなく死去し、アンワル・サダトが大統領になりました。

④ 第四次中東戦争

　ナセルに代わってエジプトの大統領となったサダトは、国号をエジプト・アラブ共和国に改め、第三次中東戦争でイスラエルに占領されていたシナイ半島などの奪還をめざすために、軍備増強を進めました。1973年10月6日、エジプト軍とシリア軍がイスラエルを奇襲攻撃。これが第四次中東戦争です。2023年10月7日におこなわれたハマスによるイスラエル攻撃の、ちょうど50年前のことでした。このとき、不意をつかれたイスラエル軍は後退し、イスラエル軍の初めての敗戦となりました。ところが、まもなくイスラエル軍が反撃に転じ、アメリカが停戦を提案。開戦後ほぼ1か月で停戦が成立しました。イスラエルでは、ちょうど開戦の日がユダヤ教の祭日「ヨム・キプール（贖罪の日）（→p30）」だったことから、この戦争は「ヨム・キプール戦争」ともいわれています。

もっとくわしく

パレスチナ解放機構（PLO）

　PLOは、エジプトのナセル大統領などのアラブ諸国の支援を受けて、1964年5月に結成された組織。当初は、武装闘争によりイスラエルが支配するパレスチナを解放しようとしたが、1988年、PLOヤーセル・アラファト議長は国連で演説し、「イスラエルとの共存を認め、テロ行為を放棄する」という二国家共存への転換を表明した。

もっとくわしく

オイルショック

　「オイルショック」は、1973〜1974年の第一次石油危機のこと。産油国であるサウジアラビアをはじめとするアラブ諸国で組織されるアラブ石油輸出国機構（OAPEC→p30）が、イスラエル支援国に対し、原油の販売停止・制限をおこなった。これにより、イスラエルを支援するヨーロッパやアメリカ、日本などが大打撃を受けた。アラブ諸国が、有利な条件で休戦にもちこむために、OAPECによる石油戦略を展開したことからはじまった。

北部の標高は約1200mあり、冬には降雪があるゴラン高原。第三次中東戦争でイスラエルがこの高原を占領し、第四次中東戦争でシリアが一時的に奪還したが、その後すぐにイスラエルに再占領された。戦車や地雷などが至るところに残されており、現在も緊張関係が続いているため、国連が、停戦監視と両軍の兵力引き離し状況を監視する「国連兵力引き離し監視隊（UNDOF）」を設置している。

2000年以上前にはじまる パレスチナの対立の歴史

ハマス・イスラエル戦争を理解するために、ここまでは、第二次世界大戦後の中東問題をみてきましたが、それだけでは不十分です。パレスチナをめぐる争いを理解するには、もっと大昔のことを知る必要があります。

パレスチナにユダヤ人の王国があった

ユダヤ教の経典である『律法（聖書）』（→p30）には、神はユダヤ人＊の祖先に対し「カナンの地（→p30）」とよばれるパレスチナを「あなたの子孫に与える」と約束したと書かれています。

そのことから、ユダヤ人はパレスチナを自分たちのものだと考えて、王国を建てたといわれています。いまからおよそ3000年以上前のことでした。

ところが紀元70年、その王国がローマ帝国（→p30）によってほろぼされてしまいます。ユダヤ人は世界中に散っていきました。その後、パレスチナにはイスラム教徒であるアラブ人が多く住むようになり、現在に至っています。

＊ ふつう○○人＝○○教徒ではないが、ユダヤ人の場合は、ユダヤ人＝ユダヤ教徒と考えられている。

➡エルサレムの旧市街の南側には、紀元前1000年ごろに古代イスラエルを支配したユダヤの王ダビデが建設した首都の遺跡が発見されている。

もっとくわしく　2つの世界大戦のころのパレスチナ

ユダヤ人とアラブ人の対立をいっそうはげしくさせたのが、当時パレスチナに進出していたイギリスの政策だった。第一次世界大戦中に、当時パレスチナをふくむアラブ地域を支配していたオスマン帝国（→p30）と戦っていたイギリスは、対立するアラブ人とユダヤ人の両方を味方につけようとして、両者に対し、パレスチナに国をつくることを認める約束をかわす（→p12）。また、イギリスは、フランスとも第一次世界大戦が終わったらオスマン帝国が支配していた土地を分けあうという秘密協定まで結んだ。しかし、第二次世界大戦が終わった2年後の1947年、イギリスはパレスチナを放棄し、問題の解決を国連あずけにしてしまい、13ページのとおりとなった。

シオニズム運動のはじまり

時代が下り中世になると、ヨーロッパでユダヤ人は、キリスト教を信じる人びとにより迫害を受けるようになりました。背景の1つは、ユダヤ人がキリスト教を開いたイエス・キリストを十字架にかけたといわれているからです。

近代になっても、ユダヤ人はキリスト教徒から迫害を受けつづけました。とくに第二次世界大戦中のナチス・ドイツによるユダヤ人の迫害では、約600万人ものユダヤ人が殺されました。

こうしたなか、世界中のユダヤ人は、迫害を受けるのは自分たちが国をもっていないからだ、と思うようになります。紀元前のように自分たちの国をもう一度つくろうと考えはじめます。そして、経典に約束されている「カナンの地」にもどろうという「シオニズム運動（「シオン」とは「エルサレム」のこと。エルサレムにもどる運動）」が世界中のユダヤ人に広がり、多くのユダヤ人が、パレスチナに移住していきます。

「シオニズム運動」が進展し、ユダヤ人がどんどんパレスチナに移住していくと、そこでくらしていたイスラム教徒（アラブ人）とのあいだに対立が生じるようになりました。

もっとくわしく　迫害とシオニズム運動

差別と迫害にさらされたユダヤ人たちの結束は、ますます強まっていったという。自分たちの信仰を守り、必死に神に祈りながら生活した。ところが、ユダヤ人たちの結束の強さが、かえって災いをよぶことになった。まわりのキリスト教徒たちに「ユダヤ人がみんなで陰謀をくわだてているのではないか」などと疑われてしまった。19世紀後半から20世紀のはじめにかけて、ユダヤ人が虐殺される事件があいついで発生。これがのちに第二次世界大戦中のナチス・ドイツによるユダヤ人大虐殺（ホロコースト→p30）につながっていったともいわれている。

←アウシュビッツ強制収容所に連れてこられたユダヤ人たち。

「神に選ばれた民」＝ユダヤ人

ユダヤ人は、この世界をつくった全知全能の神ヤハウェを信じ、「神が人びとを選んで救ってくれる」と信じています。「ユダヤ人」とは、そう信じるユダヤ教徒です*。

ユダヤ教徒たちの『律法（聖書）』には、世界のはじまりやアダムとエバの話などが書かれています。その1つが、18ページでふれた「カナンの地を与える」という約束です。この約束は、神がユダヤ人の祖先であるアブラハムにしたもので、そのことから、ユダヤ人はカナンの地（パレスチナ）を自分たちのものだと考えてきたのです。

＊イスラエルの国民の7割以上がユダヤ人でユダヤ教徒だが、イスラエルには、ほかにイスラム教徒やキリスト教徒も住んでいる。

ユダヤ人の長い苦難の歴史

一方、キリスト教の経典『新約聖書』にある『マタイによる福音書』（→p30）のなかには、イエス・キリストを殺すことをためらったローマ帝国の役人に対し、ユダヤ人たちが「十字架にかけろ！」とさけびつづけたこと、また「その血の責任は我われと（我われの）子孫にある」とさけんだことなどが書かれています（『マタイによる福音書』第27章）。その言葉の意味するところは、「自分たちの子孫がこまることになってもいいからイエスを十字架にかけろ！」とユダヤ人たちが言ったということだと考えられています。

中世のヨーロッパで、ユダヤ人が差別され迫害を受けたのには、こういう事情もあったのです。

こうしてユダヤ人は、どこにいってもイエスを殺した民族の子孫であると見なされ、差別を受け、自由に職業を選ぶこともできず、人のいやがる仕事ばかりやらざるを得なかったんだね。当時のキリスト教の世界では、人にお金を貸して利子をとって収入を得るのは、とてもいやしいことだと考えられていたんだ。だから、そういう仕事につくのは、ユダヤ人！でも、金融業（金貸し）で成功して大金持ちになったユダヤ人が多くいたんだ。すると、さらに差別されるようになってしまったんだよ。

3つの宗教の聖地

©AVRAM_GRAICER

イスラエルとパレスチナ自治区ヨルダン川西岸地区とのはざまにある
エルサレム（シオン→p19）には、ユダヤ教、キリスト教、イスラム教と、
3つの宗教の聖地があります。地図と写真で確認してみましょう。

エルサレムのまちのようす

　エルサレムは、東京23区とほぼ同じくらいの広さです。そのなかには、城壁にかこまれた旧市街があり、「エルサレムの旧市街とその城壁群」の名でユネスコの世界遺産に登録されています（→p22）。そこは、広さはわずか0.9km²で、キリスト教徒地区、イスラム教徒地区、ユダヤ教徒地区、アルメニア人*地区、神殿の丘の5つに分かれています。3つの宗教の聖地があって、世界中から多くの人びとが聖地巡礼に訪れてくるのです。

　エルサレムに3つの聖地が集まる理由をひと言でいうと、それぞれより名はちがっていても、3つの宗教が同一の天地創造の神を信仰しているからです。歴史的に見ると、ユダヤ教の経典である『タナハ』（キリスト教における旧約聖書）から、キリスト教の『新約聖書』やイスラム教の『コーラン』が生まれたと考えられています。

　現在、エルサレムの城壁にかこまれた旧市街は、世界中から3つの宗教を信仰する人びとが聖地巡礼に訪れる貴重な場所だよ。別べつの宗教を信じている人が、エルサレムでは共存しているんだね。世界の平和を象徴しているはずなのに、そのエルサレムのあるパレスチナとイスラエルが戦争をしているというのは、どう考えればいいのだろうね。

●エルサレム旧市街

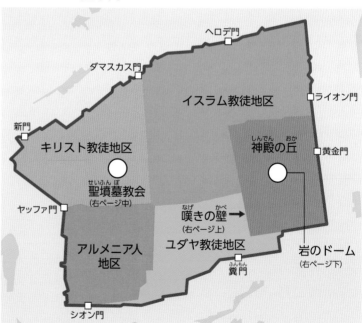

旧市街が4つの区画に分かれているのは、オスマン帝国の支配（1517〜1917年）による。イスラム教国であるオスマン帝国は、異教徒に税を課すかわりに信仰を認め、宗派や民族ごとに区画を分けて支配していた。

＊アルメニア人とは、コーカサス地方（黒海とカスピ海のあいだ）にルーツをもつ人びとで、一部が紀元4世紀ごろにエルサレムに移りすんだといわれている。そのほとんどがキリスト教徒（カトリック教会や東方正教会とは異なるアルメニア教会の信者）で、ユダヤ人ともアラブ人とも言語・文化的に異なる。

3つの聖地

嘆きの壁 (ユダヤ教)

かつてローマ帝国により破壊されたエルサレム神殿の壁。その後、ユダヤ人たちは、残った壁を訪ねて祈るようになった。「嘆きの壁」とよばれるようになったのは、ユダヤ教徒の祈っている姿が嘆いているように見えることからそうよばれるようになったとか、壁が朝方に夜露でぬれて泣いているように見えるからとか、諸説ある。「嘆きの壁」を礼拝する際には、男性はキッパ(黒の山高帽)とよばれる帽子の着用が、女性は肩やひざから上の露出をさけることが義務づけられている。

写真：イメージマート

聖墳墓教会 (キリスト教)

紀元326年に、キリスト教を初めて公認したローマ帝国皇帝であるコンスタンティヌスが、イエス・キリストが十字架にかけられて処刑されたゴルゴタの丘に建設したキリスト教最古の教会。イエスの遺骸が埋葬された場所を取りかこむようにして建てられ、イエス・キリストみずからが十字架を背負い処刑場まで歩いたヴィア・ドロローサ(苦渋の道)の終着点とされている。

写真：HEMIS／アフロ

岩のドーム (イスラム教)

紀元691年に建設された現存する最古のイスラム建築といわれている。また、ムハンマド(マホメット)が昇天し、天界をめぐる旅の出発点とも。ウマイア朝(661〜750年)の第5代カリフ(国王)であったアブドゥルマリクによって建設された。過去に何度も修復されながら、黄金のドームと青の幾何学模様のタイルが美しくたもたれている。「岩のドーム」の一帯は「神殿の丘」とよばれている。

イスラエルと
パレスチナの世界遺産

20ページで紹介した「エルサレムの旧市街とその城壁群」は、世界で唯一当事国をもたないユネスコの世界遺産です*。また、イスラエルでは9件、パレスチナでは3件が世界遺産として登録されています（2023年時点）。

イスラエルの世界遺産

イスラエルは、2001年以降、積極的に登録申請をおこない、2015年までに合計9件の文化遺産を登録してきました（自然遺産はなし）。その数は世界で33位。国土面積は150位以下の小さな国ですが、意外にも世界遺産の登録数が多いのです。そのうちの4件を下に紹介します。

マサダ

「マサダ」はヘブライ語（→p24）で「要塞」の意味。ローマ帝国にユダヤ人が反乱を起こした紀元前1世紀のユダヤ戦争で、ユダヤ人が立てこもった場所。多くのユダヤ人が巡礼に訪れる。

テルアビブの白い都市・近代化運動

20世紀前半にテルアビブの中心地区に建てられた、白色や明るい色の建造物群。

人類の進化を示すカルメル山の遺跡群・ナハル・メアロット（ワディ・エル＝ムガーラ）の遺跡群

50万年にわたる人類の進化を示す、南西アジアの初期人類の遺跡。ネアンデルタール人や旧石器から中石器時代の洞窟がならんでいる。

ベート・シェアリムのネクロポリス・ユダヤ人の再興を示す中心地

紀元前2世紀以降に建設された複数の地下の墓地（カタコンベ）。ローマ帝国に対する第二次ユダヤ戦争のあと、初期ユダヤ教の墓地としてつくられた。

＊当初はヨルダンによって申請がおこなわれたが、エルサレムの帰属問題により、1981年に当事国をもたない世界遺産として登録された。また、周辺の情勢が不安定なことを理由に、翌年には危機遺産リストに登録された。

パレスチナの世界遺産

パレスチナでは、ユネスコの世界遺産リストに現在、文化遺産として次の3件が登録されています。

イエス誕生の地
ベツレヘムの生誕教会と巡礼路

ヨルダン川西岸地区南部の、イエス・キリストが生まれたとされるベツレヘムに建てられた教会と、エルサレムからベツレヘムに至る巡礼路の一部。

オリーブとワインの地
パレスチナーエルサレム南部
バティールの文化的景観

ヨルダン川西岸地区の高原にある丘陵地帯の、2000年前につくられた石積みの段だん畑でオリーブやブドウなどが栽培されている伝統的な農業景観。

ヘブロン（アル・ハリール）旧市街*

ヘブロンはヘブライ語でのよび名、アル・ハリールはアラビア語でのよび名。市内にはユダヤ教、キリスト教、イスラム教の始祖であるアブラハムのものとされている墓がある。

イスラエル、アメリカが登録に反対！

パレスチナ解放機構（PLO→p17）とイスラエルのオスロ合意により1994年に成立したパレスチナ自治政府（→p14）が、ユネスコへの加盟が認められたのは2011年10月のことです。パレスチナ自治政府は、ただちにイエス生誕の地の世界遺産への登録を申請。すると、イスラエルとアメリカがそれに強く反対しました。でも、結局は、パレスチナ初の世界遺産として登録されました。

なお、イスラエルやアメリカがパレスチナの申請に反対したのは、パレスチナが世界遺産制度を政治利用しようとしているという理由からでした。パレスチナがヨルダン川西岸地区の文化財などを世界遺産として登録することにより、領有権がパレスチナ自治政府にあることを、国際的に認めさせようとしているというのです。

もっとくわしく パレスチナと国際機関

2021年時点で、138の国連加盟国がパレスチナを国家として承認しているが、現在も国連に加盟できていない（オブザーバー国としては承認された）。その理由は、パレスチナはヨルダン川西岸地区およびガザ地区で構成されているが、実際に統治しているのは、ヨルダン川西岸地区の一部であることなどがあげられている。ところが、国連機関の1つであるユネスコは、2011年10月31日に総会でパレスチナを正式な加盟国として承認。それを受けて、パレスチナは2011年12月8日、ただちに世界遺産条約を批准した。それにともない、2011年12月、フランス・パリにあるユネスコ本部にパレスチナの国旗がかかげられた。

＊2017年、ヘブロンがパレスチナの世界遺産として登録されたことに反発し、アメリカはユネスコを脱退した（2023年7月にはユネスコに復帰）。

地図で見るアラブ諸国とイスラエル

下の地図からは、アラブ諸国、イスラム教世界が、中東からアフリカに広がっていることがわかります。そのなか、イスラエルとパレスチナはとても小さい！でも、その小さなところで起こった戦争が、世界中をゆるがしているのです。

この地図はぼくがつくったもので、『世界の文字と言葉入門7　イスラム世界の文字とアラビア語』（小峰書店）に収録したよ。
なお、イスラエルでは、ユダヤ人がヘブライ語を話し、文字はヘブライ文字を使用しているんだよ。

アラビア語を公用語
とする国と地域

アラビア語が公用語ではないが、
アラビア文字を使っている国と地域

イスラム教を信じる人が
多い国と地域*

＊ここでは、イスラム教徒が国民の多数を占める国を中心とする国際機関
「イスラム協力機構」に加盟している国と地域を示している。

そもそもイスラエル人とは

イスラエル人は、1948年にパレスチナ地域（ちいき）に成立したイスラエル国の国民のこと。また、実際的（じっさい）にはイスラエルの国籍（こくせき）をもつ人びとのことです。

イスラエル人の多くはユダヤ人（ユダヤ教徒）ですが、イスラム教徒やキリスト教徒、アラブ人などもいます。ただし「イスラエル人」という場合、国籍で判断（はんだん）するか、あくまで祖先（そせん）がユダヤ人かどうかで判断するかなど、さまざまです。

なお、2022年時点で、イスラエルの人口は、およそ950万人だと推定（すいてい）されています。

新疆（しんきょう）ウイグル自治区

バングラデシュ

ブルネイ

マレーシア

インドネシア

↑イスラエル政府（せいふ）が発行しているパスポートと紙幣（しへい）。イスラエルの通貨である「新シェケル」は、パレスチナ自治区でも使用されている。

もっとくわしく ## イスラエル人の服装（ふくそう）

厳格（げんかく）なユダヤ教徒の男性（だんせい）は、黒服とキッパ（黒の山高帽（やまたかぼう））を身につけ、ひげともみあげを生やしている。

一方女性（じょせい）は、スカーフなどで頭をおおい、ひじ・ひざ・首もとのかくれる、派手（はで）でない色（黒・青・グレーなど）の服を着る。このようなきびしい戒律（かいりつ）と伝統（でんとう）を守って生活するユダヤ人がいるのに対し、服装を自由にしようとする「改革派（かいかくは）」といわれる人たちもいる。

←ユダヤ人の若者（わかもの）たち。慎（つつ）みぶかく、質素（しっそ）な服装（ふくそう）であることがたいせつだとされている。

もっとくわしく ## イスラエルの食文化

イスラエルではユダヤ教の定めた「コシェル」という独自（どくじ）の食文化が根づいている。食べてよい食品や調理の方法にも規定（きてい）がある。たとえば、乳製品（にゅうせいひん）と肉類をいっしょに食べてはいけないとか、肉類を提供（ていきょう）するレストランでは乳製品を出さず、乳製品を提供するレストランでは肉類を出さないなど。

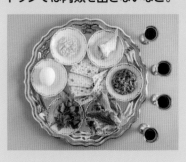

←イスラエルのペサハという祝祭日の特別な食事。

25

5 イスラエルとアメリカ

② アメリカのユダヤ人

ユダヤ人は世界に約1525万人いるといわれています。そのうち約703万人がイスラエルに住んでいます。アメリカには730万人がくらしています。

フランス、カナダ、イギリスなどにもユダヤ人がくらしていますが、その生活習慣や考えは現地に同化していて、イスラエルのユダヤ人とは異なっています。その点についてはアメリカにくらすユダヤ人も同じですが、それでも人口が多い分、ユダヤ人街もあり、次に記すような傾向が強いといわれています。

↑ニューヨーク市の南部、ブルックリンにあるウィリアムズバーグは、ユダヤ人が多くくらすユダヤ人街。

③ アメリカがイスラエルを支援するわけ

現在アメリカにくらすユダヤ人の多くが、世界唯一のユダヤ人国家であるイスラエルを支援しているといわれます。その背景には、次のような話があります。

かつてアメリカにやってきたユダヤ人たちは、しだいにアメリカで成功して、経済的、社会的に地位を高めていき、ユダヤ人であることをほこり

にしてくらしました。彼らにとってイスラエルは、同胞（おなじ仲間）が長年の悲願をかなえて建国した国であり、アメリカにいながらもイスラエルを支援したいと強く願っているといいます。

「9・11」のようなテロを世界中で起こしているイスラム過激派と、常に対峙しているイスラエルを応援しようとする人も多いといわれています。

大物ユダヤ系アメリカ人

ビル・ゲイツ
ソフトウェアの開発・販売会社である、「Microsoft」の創業者。

マーク・ザッカーバーグ
世界最大規模のソーシャル・ネットワーキング・サービス（SNS）である「Facebook」の創業者。

ラリー・ペイジ
検索エンジンサービスの最大手である「Google」の創業者のひとり。

スティーブン・スピルバーグ
代表作に『E.T.』や『ジュラシックパーク』などがある映画監督。

ボブ・ディラン
代表作に『風に吹かれて』などがある、世界で初めてノーベル文学賞を受賞したミュージシャン。

ハワード・シュルツ
世界的なコーヒーショップチェーン「Starbucks」を成長させた実業家。

「イスラエルにはアメリカという後ろ盾がついている」などといわれることがよくあります。
今回のイスラエルのハマスに対する攻撃でも、アメリカはイスラエルを支援しているとみられています。

④ 国連安保理での拒否権

アメリカがイスラエルの後ろ盾であるというわかりやすい例が、国連の安全保障理事会（安保理）の話です。

1980年から2002年のあいだ、安保理がおこなった決議のうち、アメリカは拒否権を55回発動。そのうち半分以上の29回がイスラエルに関する決議でした。すなわち、アメリカはイスラエルにとって不利になるようなことが決議されようとしたとき、安保理常任理事国の権利である「拒否権」を使って、イスラエルを守ったというのです。

➡イスラエルとハマスの衝突をめぐり、安保理ではパレスチナ市民の保護をおこなうため「戦闘の一時停止」を求める決議案を採決したが、アメリカが「イスラエルの自衛権について言及がない」という理由で拒否権を行使したことで否決された（2023年10月18日）。

なお、その背景には、当時のアメリカ在住の有力なユダヤ人たちの影響力が関係していたともいわれています。

写真：新華社／アフロ

⑤ アメリカがエルサレムをイスラエルの首都と認めた

イスラエルは、首都はエルサレムであるとしていますが、多くの国は、エルサレムが国際管理都市であるため、イスラエル一国の首都とすることを認めていません。そのため、各国の大使館があるテルアビブが、実質的な首都となっています。また、政治や経済もテルアビブが中心地となっています。

ところが、2017年12月6日、アメリカのトランプ大統領が、エルサレムをイスラエルの首都として正式に認めるとして「テルアビブからエルサレムへの大使館の移転」をおこなうという方針を発表。その際、トランプ大統領は「このような行動を取ることがアメリカの利益にとって、またイスラエルとパレスチナ人のあいだの和平にとって最も資すると判断した」と述べました。

すると、ユダヤ系アメリカ人の団体である共和党ユダヤ人連合は、トランプ氏に感謝する広告を『ニューヨーク・タイムズ』紙に出しました。また、イスラエルのネタニヤフ首相は、歴史的な日だと述べ、イスラエルはトランプ大統領に深く感謝していると語りました。

当時、アッバス・パレスチナ大統領は「エルサレムはパレスチナ国家の永遠の首都」だと語り、トランプ氏の発表が「危険な結果」をもたらすと警告していたんだよ。さらに、ハマスは、トランプ氏によって「中東地域でのアメリカの施設にとって地獄がはじまる」などといっていたんだ。

6 今後、どうなるのか?

① 2023年11月、戦闘がはじまって1か月がたち、イスラエルによるハマスへの、ガザ地区への攻撃は、はげしさを増してきました。今後、どうなるのでしょうか。

② ハマスが悪い!?

　ハマスが実効支配するガザ地区の保健省の発表によると、戦闘がはじまって1か月で9000人以上のパレスチナ人が死亡。その約65%は、子どもと女性だといいます。この数字がどれほど正確かはわかりませんが、イスラエルが攻撃しようとしているのは、ハマスであって、ガザの民間人ではないはずです。「ハマスは病院の地下に基地をつくっている。いわば人間を盾にしているのだ。そういうことをするから、民間人の犠牲者が出る。ハマスが悪い!」　そういった理屈で、イスラエルはガザ地区への攻撃をやめないのでしょうか。

　かけ言葉ではないよ。でも、パソコンで「きゅうせん」と打っても、「休戦」がなかなか出てこない。「9000」という数字が先に出てしまう。ガザ地区ではすでにその9000人以上が亡くなったといわれているよ。国連によると、ロシアが2022年2月にウクライナ侵攻を開始して以来、ウクライナで殺された民間人が9000人を超えたとのこと!
　なんとか早く休戦しなければならない。だれにだってわかっているはずなのに、どうしてできないんだろう。一刻も早くパレスチナに平和をもたらさなければならないのに。

③ 食料も医薬品もない

　ガザ地区はイスラエルに封鎖されていて、戦争になっていないときでも「天井のない監獄」(→p29)。検問所を通らないと出入りできません。戦争がはじまり、ガザの中に外部から水や燃料、食料、医薬品もほとんど入ってこなくなりました。電気も使えなくなり、病院では、患者の治療ができず、大人も子どもも死を待つほかない状況です。11月3日、重症患者をエジプトの病院に搬送するために南部の検問所に向かっていた救急車の車列が、イスラエル軍によって空爆されたのです。車列にはパレスチナ赤新月社*の車もふくまれていました。

　戦争にもルールがあります。「国際人道法」では、たとえ戦争中であっても、一般市民や病人・負傷者を攻撃してはならないと定めています。イスラエル軍はハマスの戦闘員が乗っていたためと、軍事的必要性を主張しています。しかし、イスラエルのガザ地区攻撃が合法的な攻撃であったのかどうかは、議論が分かれています。

✚ 赤十字マーク
☾ 赤新月マーク

＊イスラム教国の多くは、赤十字のかわりに赤新月のマークを使用している。たとえ戦争中であっても「赤十字・赤新月マーク」をかかげている施設や車、救護員などは、中立を示すものとして、絶対に攻撃してはならないと、国際人道法で厳格に定められている。

監修者からのメッセージ(1)　問題の根本的な解決のために――オスロ合意を甦らせる

　パレスチナ問題の根本的な解決のためには、両者が納得のいく合意を結ぶしかありません。そうしなければ現在のような暴力の応酬が続くことは、この問題の歴史を見れば明らかです。そうした合意として、1993年にノルウェーのホルスト外相の仲介で成立した、オスロ合意があります。イスラエルのラビン首相、PLOのアラファト議長とのあいだの合意で、正式には「パレスチナ暫定自治に関する原則宣言」とよばれます。合意の場となったワシントンのホワイトハウスでは、アメリカのクリントン大統領も立ち会い、両者が握手を交わしました。この合意は、それまで相手の国家としての存在を認めてこなかった両者が、基本的に2国の共存に向かうことを認めるものでした。大まかに言って、次の2つの内容で構成されます。

　1つは、5年間のパレスチナ暫定自治を実施し、それが終わるまでに最終的地位協定を発効させるというものです。この合意にもとづきパレスチナ暫定自治政府が

成立します。イスラエル軍が占領地から撤退することもふくまれていました。

　もう1つは、最終的地位協定には、エルサレムの帰属、国境画定などをふくむというものです。国境を画定するということは、お互いが相手を国家だと認めることが前提となっていました。

　しかし、この合意直後から、イスラエルでもパレスチナでも、反対世論が巻き起こりました。その結果、イスラエルのラビン首相は国内の反対勢力に暗殺されました。パレスチナでは、合意に反対するハマスが勢力を拡大していきました。

　どんな立派な合意も、それだけでは実現しません。その合意を国民、住民の大多数がたいせつなものだと感じなければ、紙に書いてあるだけのものになります。国際社会も、両者のどちらであれ、合意の方向を進めるなら援助を惜しまないし、合意から外れればきびしく批判するようにすべきでしょう。

平和を奪われた子どもたち
のためにできること

ガザ地区の子どもたちのためにできること

このシリーズの本は、どれも巻頭にそれぞれの国や地域の子どもたちの平和な写真をのせてあります。なぜそうしたのか？ それは、平和のたいせつさと戦争の恐ろしさについて、みんなで考えたいからです。でも、パレスチナ自治区の場合は、少しちがいます。

「天井のない監獄」

パレスチナ自治区のガザ地区は、せまいところに200万人以上が住んでいます。世界で最も人口密度が高い場所のひとつともいわれています。しかも、そのまわりは分離フェンスにかこまれていて、自由に出入りができません。

ガザ地区に入るには検問所を通過するほかありません。一般の人は、出入りができません。出入りできるのは報道関係者や人道支援をおこなう人たちや外交官などだけ。

そこは「天井のない監獄」とさえいわれています。でも、そんなガザ地区にも、人びとの日常のくらしがあります。イスラエルからの攻撃がないときには。日用品を売っている店もあれば、イスラム教の礼拝所（モスク）もあります。今回狙われたような病院もあり、海ぞいには、カフェやホテルもあります（→p1）。もちろん、子どもたちの学校もあるのです。

この本で見てきたように、パレスチナとイスラエルの争いは長く続いています。

日常が攻撃によって非日常にかわるのか、戦争が日常で、休戦しているときが非日常なのか……？

生まれたときからずっと戦争が続いていて、平和を知らない子どもたちもたくさんいます。

そもそもガザ地区には、平和な子どもたちの写真は、存在しない！ だから「平和のたいせつさと戦争の恐ろしさについて、みんなで考える」というこの本の構成は成り立たない、という人がいます。でも、巻頭で見たような、子どもたちの写真があります。子どもたちの日常は、確かにあるのです。

わたしたちのできること

いま、ガザ地区の子どもたちの日常が奪われています。命さえも危ぶまれています。日本でも毎日、新聞・テレビ・ラジオなどで伝えられています。何かできることはないの？ と、多くの人が心を痛めています。

いろいろなボランティア団体が寄付などをつのっています。みんなは、自分で考え、いいと思えば、団体に協力するのもいいことです。

でも、だれもができることはというと、学ぶこと、知ること、考えることではないでしょうか。

監修者からのメッセージ（2）　問題の緊急な解決のために──停戦を実現する条件

根本的な解決には時間がかかります。現在の大量殺りくともいえる状況は、ただちに終わらせるべきであり、そのためには停戦を実現する必要があります。停戦とは、お互いに不満があっても、その解決は先延ばしにして、緊急の解決策で合意することです。何よりも大事なことは、ガザ地区の非人道的な事態を終わらせるため、イスラエル側が停戦に応じることが大事です。

非人道的な事態を終わらせるためには、イスラエル側だけでなく、ハマスも停戦に合意する必要があります。「テロ組織」だから交渉の相手としない

というのでは、いつまでたっても停戦は実現しません。

一方、イスラエル側の大量の死者と人質を生んだハマスの蛮行は、許されるものではありません。ハマスに責任をとらせるために必要なことは、蛮行の責任者を法の裁きにかけることです。テロ行為をしたから殲滅するというやり方では、ハマスの無法行為とどっちもどっちとなり、この地域の無法の応酬を終わらせることになりません。そのためにも交渉相手として認め、当面の停戦を実現しつつ、国際社会は法の裁きを求めていくことが不可欠です。

※ハマスが拉致していた人質の解放とイスラエルが拘束していたパレスチナ人の釈放を条件に、2023年11月24日より戦闘の一時休止が実施されていたが、12月1日、戦闘が再開された。

●難民キャンプ　……………………………………4
難民が集中して避難、居住する場所のこと。難民発生の初期段階ではテントなどが利用されるが、一般的には、キャンプ地の国やNGO、国連、国際赤十字などが居住環境やインフラ整備などを支援し、簡易な建物が集中する村や町を形成することもある。

●イスラム原理主義　……………………………9
ヨーロッパ的な近代化や世俗化を否定し、イスラムの教えにもとづく政治や国家、社会を築こうとする思想や運動。もともとはアメリカやヨーロッパでのよび方だが、近年は自称として使われることもある。

●オスマン帝国　…………………………………9
14世紀から20世紀初頭まで存在したイスラム教スンニ派の大帝国。15世紀に東ローマ帝国を滅ぼし、コンスタンティノープルを新たな首都とした。17世紀の最大版図は中東からアフリカ、ヨーロッパまで拡大した。

●安息日　…………………………………………10
ユダヤ教とキリスト教の聖典である旧約聖書の『創世記』で神が天地創造の7日目に休息を取ったことに由来し、何もおこなってはならないと定められた日。ユダヤ教では、現在の金曜日の日没から土曜日の日没までをさす。キリスト教では、イエス・キリストが復活した日曜日。

●ベンヤミン・ネタニヤフ首相　…………… 11
1949年、イスラエル・テルアビブ生まれ。イスラエル首相。1996年に史上最年少で首相に就任。1999年まで首相をつとめた。2009年に再び首相に就任。2021年に首相を退いたが、2022年11月、三度首相に就任した。

●ヨルダン川西岸地区　……………………… 14
ヨルダン川の西側の、ヨルダンとイスラエルのあいだの地域。第一次中東戦争でヨルダンに編入されたが、1967年の第三次中東戦争でイスラエルが編入した。1993年のオスロ合意によりパレスチナ自治区となったが、現在も、その面積の60％以上がイスラエルの軍事支配下に置かれている。

●イラク　…………………………………………16
中東に位置する連邦共和制の国家。首都はバグダッド。1920年からイギリスの委任統治領となっていたが、1932年に独立。1979年から2003年まではサダム・フセイン大統領が独裁体制を築いた。

●ナセル大統領　………………………………16
ガマール・アブドゥル・ナセル。1918年、エジプト生まれ。1952年にクーデターを成功させ、1956年に第2代エジプト大統領に就任。1958年には、シリアとの併合によるアラブ連合共和国を建国し、最高指導者となった。

●スエズ運河国有化　…………………………16
1956年7月、エジプトのナセル大統領が宣言。スエズ運河はヨーロッパとアジアを結ぶ重要な水路であったため、イギリス、フランス、イスラエルが強く反発。武力行使に出て、第二次中東戦争が勃発した。

●ヨム・キプール（贖罪の日）　…………… 17
ユダヤ教の祭日で、最大の休日のひとつ。例年9月末から10月半ばのあいだの1日にあたる。断食や祈りを通じて贖罪を求める日とされ、いっさい働かず、25時間の断食をする。公共交通機関や国際便の発着までもが休みとなる。

●アラブ石油輸出国機構（OAPEC）　…… 17
1968年設立。アラブの産油国が、石油事業促進を目的として結成した国際機構。本部はクウェートに置かれている。2023年現在北アフリカと中東の10か国が加盟している。

●『律法（聖書）』　…………………………… 18
神がイスラエルの民に啓示したとされる宗教的、儀式的かつ倫理的命令法のこと。内容については一致した見解はなく、いわゆるモーゼの十戒、モーゼ五書、あるいは旧約聖書全体をもふくむことがある。

●「カナンの地」　……………………………… 18
地中海とヨルダン川、死海にはさまれたパレスチナ地方の古いよび名。旧約聖書で、神がユダヤ人に与えたとされることから「約束の地」とよばれる。「乳と蜜の流れる地」とよばれることもある。

●ローマ帝国　………………………………… 18
古代ローマの共和制後の時代以降をさす言葉。紀元前27年成立。実質的には帝国が東西に分裂した395年まで、形式的には1453年のビザンツ帝国（東ローマ帝国）滅亡まで存続。その領土は地中海全体におよんだ。

●ホロコースト　……………………………… 19
第二次世界大戦中に国民社会主義ドイツ労働者党政権下のナチス・ドイツとその同盟国および協力者によっておこなわれた、ヨーロッパのユダヤ人に対する国ぐるみの組織的な迫害と虐殺。約600万人が殺された。

●アダムとエバの話　………………………… 19
神が天地創造の6日目に創ったとされる最初の男性（アダム）と、次に創られた女性（エバ）の話。人類が最初に犯した罪と神による罰が描かれている。なお、エバは「イヴ」ともよばれる。

●『マタイによる福音書』　…………………… 19
新約聖書におさめられた4つの福音書の1つ。イエスの生誕から死、復活の経緯などが記されている。新約聖書には他に『マルコによる福音書』『ルカによる福音書』『ヨハネによる福音書』がおさめられている。

●イスラエル国　……………………………… 25
1947年のパレスチナ分割決議をへて1948年に独立。面積は2万2000km²。人口は約950万人（その74％がユダヤ人）。エルサレムを首都としているが、日本をふくむ国連加盟国の多くはこれを認めていない。

●国籍　………………………………………… 23
人が特定の国の国民であるための資格。どの範囲の者を国民として認めるかは国の歴史や伝統、政治・経済情勢などによって大きく異なり、それぞれの国が決定することができる。

さくいん

著者からのメッセージ

ぼくは、2007年から毎年『ニュース年鑑』（ポプラ社刊）という本を書いてきました。この間、戦争についての記事のない年はありませんでした。昨年も、ロシアのウクライナ侵攻。今でもはげしい戦いがおこなわれています。

それだけに、ぼくは常に国際情勢にアンテナをはりめぐらしてきたつもりです。だから10月7日のハマスの奇襲攻撃については、パレスチナでいずれまた戦争になると思っていました。なぜなら上掲書にも、中東情勢が何度も登場してきたからです。

そんなぼくが、今回の一連の報道のなかで一番ショックを受けたのが、国連の「人道的休戦」の決議に日本が棄権したことでした。でも、いったいなぜ日本は棄権したのか？　その決議案のどこに問題があったのか？　などしっかり考えてみようと思いました。

みなさん！　今回の戦争について、ぼくのように、自分の見方・考え方をもつよう努力してください。ウクライナで起きている戦争についても。自分の見方・考え方をもつというのは、とてもむずかしいことです。でも、そうしようと努力してください。たとえ、今はよくわからなくても、わかろうと努力してください。みなさんがそうしていかないと、日本だっていつ戦争に巻きこまれるか、狙われるかわかりません。

読んでくださってありがとうございました。

2023年12月7日　稲葉茂勝

■ 監修
松竹伸幸（まつたけ　のぶゆき）
1955年長崎県生まれ。一橋大学卒業。かもがわ出版編集主幹。日本平和学会会員、「自衛隊を活かす会」事務局長。専門は外交・安全保障。かもがわ出版編集長を務めた後、現在ジャーナリスト・編集者として活動。著書として『シン・日本共産党宣言』（文藝春秋）、『反戦の世界史』（新日本出版社）、『9条が世界を変える』（かもがわ出版）、『レーニン最後の模索』（大月書店）など多数。児童書としては『領土を考える』全3巻（かもがわ出版）がある。

■ 著
稲葉茂勝（いなば　しげかつ）
1953年東京生まれ。大阪外国語大学、東京外国語大学卒業。国際理解教育学会会員。子ども向け書籍のプロデューサーとして約1500冊を手がけ、「子どもジャーナリスト（Journalist for Children）」としても活動。著書として「SDGsの基本　未来のための17の目標」全18巻（ポプラ社）や『著作権って何？』（あすなろ書房）、『ネットリテラシー パーフェクトガイド』（新日本出版社）、「あそび学」シリーズ（今人舎）など多数。2019年にNPO法人子ども大学くにたちを設立し、同理事長に就任して以来「SDGs子ども大学運動」を展開している。

■ 協力
渡邉　優（わたなべ　まさる）
1956年東京生まれ。東京大学法学部卒業後、外務省に入省、在ジュネーブ政府代表部公使、在キューバ大使などを歴任。退職後、知見を生かして国際関係論の学者兼文筆業へ。2023年度より成蹊大学客員教授。著書に『グアンタナモ　アメリカ・キューバ関係に刺さった棘』（彩流社）、『SDGs辞典』（ミネルヴァ書房）のほか、共著に『これならわかる！ SDGsのターゲット169 徹底解説』（ポプラ社）などがある。

この本の情報は、2023年11月末までに調べたものです。今後変更になる可能性がありますのでご了承ください。

■ 装丁デザイン　長江知子
■ 編集　　　　　こどもくらぶ（石原尚子）
■ 企画・制作　　株式会社 今人舎
■ 写真協力（巻頭特集 P 1）
・ 認定NPO法人聖地のこどもを支える会
　写真撮影：Rami Aljelda , 矢加部真怜
■ 写真提供
・ Abed Rahim Khatib, Catay Cagatay , Kenliu, Zz3701, Andreas Zeitler, Larysa Ros, Alfredo Garcia Saz /Dreamstime.com
・ Picturellarious, bloodua, amite, Marina Moskalyuk /istock.com
・ milda79, Mindaugas Dulinskas, Dmitry, suprunvitaly, rmoshe, Maxim Grebeshkov /stock.adobe.com
・ Negoworks, barks / PIXTA
・ gagarych/123RF
・ ©AVRAM GRAICER（CC BY-SA 3.0）
・ ©Travel2Palestineis（CC BY 2.0）
・ ©Yuvalf123（CC BY 4.0）
■ 参考資料
・『聖地のこどもニュース』（認定NPO法人聖地のこどもを支える会発行）
・ 外務省HP「世界の国・地域　パレスチナ」「世界の国・地域　イスラエル」
・ ユニセフHP「世界の子どもたち　パレスチナ」
・『世界の文字と言葉入門7　イスラム世界の文字とアラビア語』（小峰書店）
・『戦争の現代史③国境・領土紛争』（ポプラ社）

狙われた国と地域　4　パレスチナ　　　　　　　　　　NDC319

2024年1月30日　　初版発行

監 修 者　松竹伸幸
著　　者　稲葉茂勝
発 行 者　山浦真一
発 行 所　株式会社あすなろ書房　〒162-0041　東京都新宿区早稲田鶴巻町 551-4
　　　　　電話　03-3203-3350（代表）
印刷・製本　瞬報社写真印刷株式会社

©2024　INABA Shigekatsu
Printed in Japan

32p／31cm
ISBN978-4-7515-3169-3